全国人民代表大会常务委

中华人民共和国
农村集体经济组织法

中国民主法制出版社

图书在版编目（CIP）数据

中华人民共和国农村集体经济组织法／全国人大
常委会办公厅供稿．—北京：中国民主法制出版社，
2024.6．—ISBN 978-7-5162-3719-9

Ⅰ．D922.4

中国国家版本馆 CIP 数据核字第 2024B7P748 号

书名／中华人民共和国农村集体经济组织法

出版·发行／中国民主法制出版社
地址／北京市丰台区右安门外玉林里 7 号（100069）
电话／（010）63055259（总编室）　63058068　63057714（营销中心）
传真／（010）63055259
http：//www.npcpub.com
E-mail：mzfz@npcpub.com
经销／新华书店
开本／32 开　850 毫米×1168 毫米
印张／2　　**字数**／31 千字
版本／2024 年 7 月第 1 版　2024 年 7 月第 1 次印刷
印刷／北京新华印刷有限公司

书号／ISBN 978-7-5162-3719-9
定价／8.00 元

目　录

中华人民共和国主席令

第二十六号

《中华人民共和国农村集体经济组织法》已由中华人民共和国第十四届全国人民代表大会常务委员会第十次会议于 2024 年 6 月 28 日通过，现予公布，自 2025 年 5 月 1 日起施行。

中华人民共和国主席　习近平
2024 年 6 月 28 日

中华人民共和国
农村集体经济组织法

（2024 年 6 月 28 日第十四届全国人民代表大会常务委员会第十次会议通过）

目　　录

第一章　总　　则

第一条　为了维护农村集体经济组织及其成员的合法权益，规范农村集体经济组织及其运行管理，促进新型农村集体经济高质量发展，巩固和完善农村基本经营制度和社会主义基本经济制度，推进乡村全面振兴，加快建设农业强国，促进共同富裕，根据宪法，制定本法。

第二条　本法所称农村集体经济组织，是指以土地集体所有为基础，依法代表成员集体行使所有权，实行家庭承包经营为基础、统分结合双层经营体制的区域性经济组织，包括乡镇级农村集体经济组织、村级农村集体经济组织、组级农村集体经济组织。

第三条　农村集体经济组织是发展壮大新型农村集体经济、巩固社会主义公有制、促进共同富裕的重要主体，是健全乡村治理体系、实现乡村善治的重要力量，是提升中国共产党农村基层组织凝聚力、巩固党在农村执政根基的重要保障。

第四条　农村集体经济组织应当坚持以下原则：

（一）坚持中国共产党的领导，在乡镇党委、街道党工委和村党组织的领导下依法履职；

（二）坚持社会主义集体所有制，维护集体及其成员的合法权益；

（三）坚持民主管理，农村集体经济组织成员依照法律法规和农村集体经济组织章程平等享有权利、承担义务；

（四）坚持按劳分配为主体、多种分配方式并存，促进农村共同富裕。

第五条　农村集体经济组织依法代表成员集体行使所有权，履行下列职能：

（一）发包农村土地；

（二）办理农村宅基地申请、使用事项；

（三）合理开发利用和保护耕地、林地、草地等土地资源并进行监督；

（四）使用集体经营性建设用地或者通过出让、出租等方式交由单位、个人使用；

（五）组织开展集体财产经营、管理；

（六）决定集体出资的企业所有权变动；

（七）分配、使用集体收益；

（八）分配、使用集体土地被征收征用的土地补偿费等；

（九）为成员的生产经营提供技术、信息等服务；

（十）支持和配合村民委员会在村党组织领导下开展村民自治；

（十一）支持农村其他经济组织、社会组织依法发挥作用；

（十二）法律法规和农村集体经济组织章程规定的

其他职能。

第六条　农村集体经济组织依照本法登记，取得特别法人资格，依法从事与其履行职能相适应的民事活动。

农村集体经济组织不适用有关破产法律的规定。

农村集体经济组织可以依法出资设立或者参与设立公司、农民专业合作社等市场主体，以其出资为限对其设立或者参与设立的市场主体的债务承担责任。

第七条　农村集体经济组织从事经营管理和服务活动，应当遵守法律法规，遵守社会公德、商业道德，诚实守信，承担社会责任。

第八条　国家保护农村集体经济组织及其成员的合法权益，任何组织和个人不得侵犯。

农村集体经济组织成员集体所有的财产受法律保护，任何组织和个人不得侵占、挪用、截留、哄抢、私分、破坏。

妇女享有与男子平等的权利，不得以妇女未婚、结婚、离婚、丧偶、户无男性等为由，侵害妇女在农村集体经济组织中的各项权益。

第九条　国家通过财政、税收、金融、土地、人才以及产业政策等扶持措施，促进农村集体经济组织发展，壮大新型农村集体经济。

国家鼓励和支持机关、企事业单位、社会团体等组织和个人为农村集体经济组织提供帮助和服务。

对发展农村集体经济组织事业做出突出贡献的组织和个人，按照国家规定给予表彰和奖励。

第十条　国务院农业农村主管部门负责指导全国农村集体经济组织的建设和发展。国务院其他有关部门在各自职责范围内负责有关的工作。

县级以上地方人民政府农业农村主管部门负责本行政区域内农村集体经济组织的登记管理、运行监督指导以及承包地、宅基地等集体财产管理和产权流转交易等的监督指导。县级以上地方人民政府其他有关部门在各自职责范围内负责有关的工作。

乡镇人民政府、街道办事处负责本行政区域内农村集体经济组织的监督管理等。

县级以上人民政府农业农村主管部门应当会同有关部门加强对农村集体经济组织工作的综合协调，指导、协调、扶持、推动农村集体经济组织的建设和发展。

地方各级人民政府和县级以上人民政府农业农村主管部门应当采取措施，建立健全集体财产监督管理服务体系，加强基层队伍建设，配备与集体财产监督管理工作相适应的专业人员。

第二章　成　　员

第十一条　户籍在或者曾经在农村集体经济组织并与农村集体经济组织形成稳定的权利义务关系，以农村集体经济组织成员集体所有的土地等财产为基本生活保障的居民，为农村集体经济组织成员。

第十二条　农村集体经济组织通过成员大会，依据前条规定确认农村集体经济组织成员。

对因成员生育而增加的人员，农村集体经济组织应当确认为农村集体经济组织成员。对因成员结婚、收养或者因政策性移民而增加的人员，农村集体经济组织一般应当确认为农村集体经济组织成员。

确认农村集体经济组织成员，不得违反本法和其他法律法规的规定。

农村集体经济组织应当制作或者变更成员名册。成员名册应当报乡镇人民政府、街道办事处和县级人民政府农业农村主管部门备案。

省、自治区、直辖市人民代表大会及其常务委员会可以根据本法，结合本行政区域实际情况，对农村集体经济组织的成员确认作出具体规定。

第十三条　农村集体经济组织成员享有下列权利：

（一）依照法律法规和农村集体经济组织章程选举和被选举为成员代表、理事会成员、监事会成员或者监事；

（二）依照法律法规和农村集体经济组织章程参加成员大会、成员代表大会，参与表决决定农村集体经济组织重大事项和重要事务；

（三）查阅、复制农村集体经济组织财务会计报告、会议记录等资料，了解有关情况；

（四）监督农村集体经济组织的生产经营管理活动和集体收益的分配、使用，并提出意见和建议；

（五）依法承包农村集体经济组织发包的农村土地；

（六）依法申请取得宅基地使用权；

（七）参与分配集体收益；

（八）集体土地被征收征用时参与分配土地补偿费等；

（九）享受农村集体经济组织提供的服务和福利；

（十）法律法规和农村集体经济组织章程规定的其他权利。

第十四条　农村集体经济组织成员履行下列义务：

（一）遵守法律法规和农村集体经济组织章程；

（二）执行农村集体经济组织依照法律法规和农村集体经济组织章程作出的决定；

（三）维护农村集体经济组织合法权益；

（四）合理利用和保护集体土地等资源；

（五）参与、支持农村集体经济组织的生产经营管理活动和公益活动；

（六）法律法规和农村集体经济组织章程规定的其他义务。

第十五条　非农村集体经济组织成员长期在农村集体经济组织工作，对集体做出贡献的，经农村集体经济组织成员大会全体成员四分之三以上同意，可以享有本法第十三条第七项、第九项、第十项规定的权利。

第十六条　农村集体经济组织成员提出书面申请并经农村集体经济组织同意的，可以自愿退出农村集体经济组织。

农村集体经济组织成员自愿退出的，可以与农村集体经济组织协商获得适当补偿或者在一定期限内保留其已经享有的财产权益，但是不得要求分割集体财产。

第十七条　有下列情形之一的，丧失农村集体经济组织成员身份：

（一）死亡；

（二）丧失中华人民共和国国籍；

（三）已经取得其他农村集体经济组织成员身份；

（四）已经成为公务员，但是聘任制公务员除外；

（五）法律法规和农村集体经济组织章程规定的其他情形。

因前款第三项、第四项情形而丧失农村集体经济组织成员身份的，依照法律法规、国家有关规定和农村集体经济组织章程，经与农村集体经济组织协商，可以在一定期限内保留其已经享有的相关权益。

第十八条　农村集体经济组织成员不因就学、服役、务工、经商、离婚、丧偶、服刑等原因而丧失农村集体经济组织成员身份。

农村集体经济组织成员结婚，未取得其他农村集体经济组织成员身份的，原农村集体经济组织不得取消其成员身份。

第三章　　组织登记

第十九条　农村集体经济组织应当具备下列条件：

（一）有符合本法规定的成员；

（二）有符合本法规定的集体财产；

（三）有符合本法规定的农村集体经济组织章程；

（四）有符合本法规定的名称和住所；

（五）有符合本法规定的组织机构。

符合前款规定条件的村一般应当设立农村集体经济组织，村民小组可以根据情况设立农村集体经济组织；乡镇确有需要的，可以设立农村集体经济组织。

设立农村集体经济组织不得改变集体土地所有权。

第二十条　农村集体经济组织章程应当载明下列事项：

（一）农村集体经济组织的名称、法定代表人、住所和财产范围；

（二）农村集体经济组织成员确认规则和程序；

（三）农村集体经济组织的机构；

（四）集体财产经营和财务管理；

（五）集体经营性财产收益权的量化与分配；

（六）农村集体经济组织的变更和注销；

（七）需要载明的其他事项。

农村集体经济组织章程应当报乡镇人民政府、街道办事处和县级人民政府农业农村主管部门备案。

国务院农业农村主管部门根据本法和其他有关法律法规制定农村集体经济组织示范章程。

第二十一条 农村集体经济组织的名称中应当标明"集体经济组织"字样，以及所在县、不设区的市、市辖区、乡、民族乡、镇、村或者组的名称。

农村集体经济组织以其主要办事机构所在地为住所。

第二十二条 农村集体经济组织成员大会表决通过本农村集体经济组织章程、确认本农村集体经济组织成员、选举本农村集体经济组织理事会成员、监事会成员或者监事后，应当及时向县级以上地方人民政府农业农村主管部门申请登记，取得农村集体经济组织登记证书。

农村集体经济组织登记办法由国务院农业农村主管部门制定。

第二十三条 农村集体经济组织合并的，应当在清产核资的基础上编制资产负债表和财产清单。

农村集体经济组织合并的，应当由各自的成员大会形成决定，经乡镇人民政府、街道办事处审核后，报县级以上地方人民政府批准。

农村集体经济组织应当在获得批准合并之日起十日

内通知债权人，债权人可以要求农村集体经济组织清偿债务或者提供相应担保。

合并各方的债权债务由合并后的农村集体经济组织承继。

第二十四条　农村集体经济组织分立的，应当在清产核资的基础上分配财产、分解债权债务。

农村集体经济组织分立的，应当由成员大会形成决定，经乡镇人民政府、街道办事处审核后，报县级以上地方人民政府批准。

农村集体经济组织应当在获得批准分立之日起十日内通知债权人。

农村集体经济组织分立前的债权债务，由分立后的农村集体经济组织享有连带债权，承担连带债务，但是农村集体经济组织分立时已经与债权人或者债务人达成清偿债务的书面协议的，从其约定。

第二十五条　农村集体经济组织合并、分立或者登记事项变动的，应当办理变更登记。

农村集体经济组织因合并、分立等原因需要解散的，依法办理注销登记后终止。

第四章　组织机构

第二十六条　农村集体经济组织成员大会由具有完全民事行为能力的全体成员组成，是本农村集体经济组织的权力机构，依法行使下列职权：

（一）制定、修改农村集体经济组织章程；

（二）制定、修改农村集体经济组织内部管理制度；

（三）确认农村集体经济组织成员；

（四）选举、罢免农村集体经济组织理事会成员、监事会成员或者监事；

（五）审议农村集体经济组织理事会、监事会或者监事的工作报告；

（六）决定农村集体经济组织理事会成员、监事会成员或者监事的报酬及主要经营管理人员的聘任、解聘和报酬；

（七）批准农村集体经济组织的集体经济发展规划、业务经营计划、年度财务预决算、收益分配方案；

（八）对农村土地承包、宅基地使用和集体经营性财产收益权份额量化方案等事项作出决定；

（九）对集体经营性建设用地使用、出让、出租方案等事项作出决定；

（十）决定土地补偿费等的分配、使用办法；

（十一）决定投资等重大事项；

（十二）决定农村集体经济组织合并、分立等重大事项；

（十三）法律法规和农村集体经济组织章程规定的其他职权。

需由成员大会审议决定的重要事项，应当先经乡镇党委、街道党工委或者村党组织研究讨论。

第二十七条　农村集体经济组织召开成员大会，应当将会议召开的时间、地点和审议的事项于会议召开十日前通知全体成员，有三分之二以上具有完全民事行为能力的成员参加。成员无法在现场参加会议的，可以通过即时通讯工具在线参加会议，或者书面委托本农村集体经济组织同一户内具有完全民事行为能力的其他家庭成员代为参加会议。

成员大会每年至少召开一次，并由理事会召集，由理事长、副理事长或者理事长指定的成员主持。

成员大会实行一人一票的表决方式。成员大会作出决定，应当经本农村集体经济组织成员大会全体成员三分之二以上同意，本法或者其他法律法规、农村集体经济组织章程有更严格规定的，从其规定。

第二十八条　农村集体经济组织成员较多的，可以按照农村集体经济组织章程规定设立成员代表大会。

设立成员代表大会的，一般每五户至十五户选举代表一人，代表人数应当多于二十人，并且有适当数量的妇女代表。

成员代表的任期为五年，可以连选连任。

成员代表大会按照农村集体经济组织章程规定行使本法第二十六条第一款规定的成员大会部分职权，但是第一项、第三项、第八项、第十项、第十二项规定的职权除外。

成员代表大会实行一人一票的表决方式。成员代表大会作出决定，应当经全体成员代表三分之二以上同意。

第二十九条 农村集体经济组织设理事会，一般由三至七名单数成员组成。理事会设理事长一名，可以设副理事长。理事长、副理事长、理事的产生办法由农村集体经济组织章程规定。理事会成员之间应当实行近亲属回避。理事会成员的任期为五年，可以连选连任。

理事长是农村集体经济组织的法定代表人。

乡镇党委、街道党工委或者村党组织可以提名推荐农村集体经济组织理事会成员候选人，党组织负责人可以通过法定程序担任农村集体经济组织理事长。

第三十条 理事会对成员大会、成员代表大会负责，行使下列职权：

（一）召集、主持成员大会、成员代表大会，并向其报告工作；

（二）执行成员大会、成员代表大会的决定；

（三）起草农村集体经济组织章程修改草案；

（四）起草集体经济发展规划、业务经营计划、内部管理制度等；

（五）起草农村土地承包、宅基地使用、集体经营性财产收益权份额量化，以及集体经营性建设用地使用、出让或者出租等方案；

（六）起草投资方案；

（七）起草年度财务预决算、收益分配方案等；

（八）提出聘任、解聘主要经营管理人员及决定其报酬的建议；

（九）依照法律法规和农村集体经济组织章程管理集体财产和财务，保障集体财产安全；

（十）代表农村集体经济组织签订承包、出租、入股等合同，监督、督促承包方、承租方、被投资方等履行合同；

（十一）接受、处理有关质询、建议并作出答复；

（十二）农村集体经济组织章程规定的其他职权。

第三十一条　理事会会议应当有三分之二以上的理事会成员出席。

理事会实行一人一票的表决方式。理事会作出决定，应当经全体理事的过半数同意。

理事会的议事方式和表决程序由农村集体经济组织章程具体规定。

第三十二条　农村集体经济组织设监事会，成员较少的可以设一至二名监事，行使监督理事会执行成员大会和成员代表大会决定、监督检查集体财产经营管理情况、审核监督本农村集体经济组织财务状况等内部监督职权。必要时，监事会或者监事可以组织对本农村集体经济组织的财务进行内部审计，审计结果应当向成员大会、成员代表大会报告。

监事会或者监事的产生办法、具体职权、议事方式和表决程序等，由农村集体经济组织章程规定。

第三十三条 农村集体经济组织成员大会、成员代表大会、理事会、监事会或者监事召开会议，应当按照规定制作、保存会议记录。

第三十四条 农村集体经济组织理事会成员、监事会成员或者监事与村党组织领导班子成员、村民委员会成员可以根据情况交叉任职。

农村集体经济组织理事会成员、财务人员、会计人员及其近亲属不得担任监事会成员或者监事。

第三十五条 农村集体经济组织理事会成员、监事会成员或者监事应当遵守法律法规和农村集体经济组织章程，履行诚实信用、勤勉谨慎的义务，为农村集体经济组织及其成员的利益管理集体财产，处理农村集体经济组织事务。

农村集体经济组织理事会成员、监事会成员或者监事、主要经营管理人员不得有下列行为：

（一）侵占、挪用、截留、哄抢、私分、破坏集体财产；

（二）直接或者间接向农村集体经济组织借款；

（三）以集体财产为本人或者他人债务提供担保；

（四）违反法律法规或者国家有关规定为地方政府举借债务；

（五）以农村集体经济组织名义开展非法集资等非

法金融活动；

（六）将集体财产低价折股、转让、租赁；

（七）以集体财产加入合伙企业成为普通合伙人；

（八）接受他人与农村集体经济组织交易的佣金归为己有；

（九）泄露农村集体经济组织的商业秘密；

（十）其他损害农村集体经济组织合法权益的行为。

第五章　财产经营管理和收益分配

第三十六条　集体财产主要包括：

（一）集体所有的土地和森林、山岭、草原、荒地、滩涂；

（二）集体所有的建筑物、生产设施、农田水利设施；

（三）集体所有的教育、科技、文化、卫生、体育、交通等设施和农村人居环境基础设施；

（四）集体所有的资金；

（五）集体投资兴办的企业和集体持有的其他经济组织的股权及其他投资性权利；

（六）集体所有的无形资产；

（七）集体所有的接受国家扶持、社会捐赠、减免税费等形成的财产；

（八）集体所有的其他财产。

集体财产依法由农村集体经济组织成员集体所有，由农村集体经济组织依法代表成员集体行使所有权，不得分割到成员个人。

第三十七条　集体所有和国家所有依法由农民集体使用的耕地、林地、草地以及其他依法用于农业的土地，依照农村土地承包的法律实行承包经营。

集体所有的宅基地等建设用地，依照法律、行政法规和国家有关规定取得、使用、管理。

集体所有的建筑物、生产设施、农田水利设施，由农村集体经济组织按照国家有关规定和农村集体经济组织章程使用、管理。

集体所有的教育、科技、文化、卫生、体育、交通等设施和农村人居环境基础设施，依照法律法规、国家有关规定和农村集体经济组织章程使用、管理。

第三十八条　依法应当实行家庭承包的耕地、林地、草地以外的其他农村土地，农村集体经济组织可以直接组织经营或者依法实行承包经营，也可以依法采取土地经营权出租、入股等方式经营。

第三十九条　对符合国家规定的集体经营性建设用地，农村集体经济组织应当优先用于保障乡村产业发展和乡村建设，也可以依法通过出让、出租等方式交由单位或者个人有偿使用。

第四十条　农村集体经济组织可以将集体所有的经

营性财产的收益权以份额形式量化到本农村集体经济组织成员，作为其参与集体收益分配的基本依据。

集体所有的经营性财产包括本法第三十六条第一款第一项中可以依法入市、流转的财产用益物权和第二项、第四项至第七项的财产。

国务院农业农村主管部门可以根据本法制定集体经营性财产收益权量化的具体办法。

第四十一条　农村集体经济组织可以探索通过资源发包、物业出租、居间服务、经营性财产参股等多样化途径发展新型农村集体经济。

第四十二条　农村集体经济组织当年收益应当按照农村集体经济组织章程规定提取公积公益金，用于弥补亏损、扩大生产经营等，剩余的可分配收益按照量化给农村集体经济组织成员的集体经营性财产收益权份额进行分配。

第四十三条　农村集体经济组织应当加强集体财产管理，建立集体财产清查、保管、使用、处置、公开等制度，促进集体财产保值增值。

省、自治区、直辖市可以根据实际情况，制定本行政区域农村集体财产管理具体办法，实现集体财产管理制度化、规范化和信息化。

第四十四条　农村集体经济组织应当按照国务院有关部门制定的农村集体经济组织财务会计制度进行财务管理和会计核算。

农村集体经济组织应当根据会计业务的需要，设置会计机构，或者设置会计人员并指定会计主管人员，也可以按照规定委托代理记账。

集体所有的资金不得存入以个人名义开立的账户。

第四十五条　农村集体经济组织应当定期将财务情况向农村集体经济组织成员公布。集体财产使用管理情况、涉及农村集体经济组织及其成员利益的重大事项应当及时公布。农村集体经济组织理事会应当保证所公布事项的真实性。

第四十六条　农村集体经济组织应当编制年度经营报告、年度财务会计报告和收益分配方案，并于成员大会、成员代表大会召开十日前，提供给农村集体经济组织成员查阅。

第四十七条　农村集体经济组织应当依法接受审计监督。

县级以上地方人民政府农业农村主管部门和乡镇人民政府、街道办事处根据情况对农村集体经济组织开展定期审计、专项审计。审计办法由国务院农业农村主管部门制定。

审计机关依法对农村集体经济组织接受、运用财政资金的真实、合法和效益情况进行审计监督。

第四十八条　农村集体经济组织应当自觉接受有关机关和组织对集体财产使用管理情况的监督。

第六章 扶持措施

第四十九条 县级以上人民政府应当合理安排资金，支持农村集体经济组织发展新型农村集体经济、服务集体成员。

各级财政支持的农业发展和农村建设项目，依法将适宜的项目优先交由符合条件的农村集体经济组织承担。国家对欠发达地区和革命老区、民族地区、边疆地区的农村集体经济组织给予优先扶助。

县级以上人民政府有关部门应当依法加强对财政补助资金使用情况的监督。

第五十条 农村集体经济组织依法履行纳税义务，依法享受税收优惠。

农村集体经济组织开展生产经营管理活动或者因开展农村集体产权制度改革办理土地、房屋权属变更，按照国家规定享受税收优惠。

第五十一条 农村集体经济组织用于集体公益和综合服务、保障村级组织和村务运转等支出，按照国家规定计入相应成本。

第五十二条 国家鼓励政策性金融机构立足职能定位，在业务范围内采取多种形式对农村集体经济组织发展新型农村集体经济提供多渠道资金支持。

国家鼓励商业性金融机构为农村集体经济组织及其

成员提供多样化金融服务，优先支持符合条件的农村集体经济发展项目，支持农村集体经济组织开展集体经营性财产股权质押贷款；鼓励融资担保机构为农村集体经济组织提供融资担保服务；鼓励保险机构为农村集体经济组织提供保险服务。

第五十三条　乡镇人民政府编制村庄规划应当根据实际需要合理安排集体经济发展各项建设用地。

土地整理新增耕地形成土地指标交易的收益，应当保障农村集体经济组织和相关权利人的合法权益。

第五十四条　县级人民政府和乡镇人民政府、街道办事处应当加强农村集体经济组织经营管理队伍建设，制定农村集体经济组织人才培养计划，完善激励机制，支持和引导各类人才服务新型农村集体经济发展。

第五十五条　各级人民政府应当在用水、用电、用气以及网络、交通等公共设施和农村人居环境基础设施配置方面为农村集体经济组织建设发展提供支持。

第七章　争议的解决和法律责任

第五十六条　对确认农村集体经济组织成员身份有异议，或者农村集体经济组织因内部管理、运行、收益分配等发生纠纷的，当事人可以请求乡镇人民政府、街道办事处或者县级人民政府农业农村主管部门调解解决；不愿调解或者调解不成的，可以向农村土地承包仲裁机构申请仲裁，也可以直接向人民法院提起诉讼。

确认农村集体经济组织成员身份时侵害妇女合法权益，导致社会公共利益受损的，检察机关可以发出检察建议或者依法提起公益诉讼。

第五十七条　农村集体经济组织成员大会、成员代表大会、理事会或者农村集体经济组织负责人作出的决定侵害农村集体经济组织成员合法权益的，受侵害的农村集体经济组织成员可以请求人民法院予以撤销。但是，农村集体经济组织按照该决定与善意相对人形成的民事法律关系不受影响。

受侵害的农村集体经济组织成员自知道或者应当知道撤销事由之日起一年内或者自该决定作出之日起五年内未行使撤销权的，撤销权消灭。

第五十八条　农村集体经济组织理事会成员、监事会成员或者监事、主要经营管理人员有本法第三十五条第二款规定行为的，由乡镇人民政府、街道办事处或者县级人民政府农业农村主管部门责令限期改正；情节严重的，依法给予处分或者行政处罚；造成集体财产损失的，依法承担赔偿责任；构成犯罪的，依法追究刑事责任。

前款规定的人员违反本法规定，以集体财产为本人或者他人债务提供担保的，该担保无效。

第五十九条　对于侵害农村集体经济组织合法权益的行为，农村集体经济组织可以依法向人民法院提起诉讼。

第六十条 农村集体经济组织理事会成员、监事会成员或者监事、主要经营管理人员执行职务时违反法律法规或者农村集体经济组织章程的规定，给农村集体经济组织造成损失的，应当依法承担赔偿责任。

前款规定的人员有前款行为的，农村集体经济组织理事会、监事会或者监事应当向人民法院提起诉讼；未及时提起诉讼的，十名以上具有完全民事行为能力的农村集体经济组织成员可以书面请求监事会或者监事向人民法院提起诉讼。

监事会或者监事收到书面请求后拒绝提起诉讼或者自收到请求之日起十五日内未提起诉讼的，前款规定的提出书面请求的农村集体经济组织成员可以为农村集体经济组织的利益，以自己的名义向人民法院提起诉讼。

第六十一条 农村集体经济组织章程或者农村集体经济组织成员大会、成员代表大会所作的决定违反本法或者其他法律法规规定的，由乡镇人民政府、街道办事处或者县级人民政府农业农村主管部门责令限期改正。

第六十二条 地方人民政府及其有关部门非法干预农村集体经济组织经营管理和财产管理活动或者未依法履行相应监管职责的，由上级人民政府责令限期改正；情节严重的，依法追究相关责任人员的法律责任。

第六十三条 农村集体经济组织对行政机关的行政行为不服的，可以依法申请行政复议或者提起行政诉讼。

第八章   附   则

第六十四条   未设立农村集体经济组织的，村民委员会、村民小组可以依法代行农村集体经济组织的职能。

村民委员会、村民小组依法代行农村集体经济组织职能的，讨论决定有关集体财产和成员权益的事项参照适用本法的相关规定。

第六十五条   本法施行前已经按照国家规定登记的农村集体经济组织及其名称，本法施行后在法人登记证书有效期限内继续有效。

第六十六条   本法施行前农村集体经济组织开展农村集体产权制度改革时已经被确认的成员，本法施行后不需要重新确认。

第六十七条   本法自 2025 年 5 月 1 日起施行。

关于《中华人民共和国 农村集体经济组织法 （草案）》的说明

——2022 年 12 月 27 日在第十三届全国人民代表大会
常务委员会第三十八次会议上

全国人大农业与农村委员会主任委员　　陈锡文

委员长、各位副委员长、秘书长、各位委员：

我受全国人大农业与农村委员会委托，就《中华
人民共和国农村集体经济组织法（草案）》的有关问题
作说明。

一、制定农村集体经济组织法的必要性

农村集体经济组织是中国特色社会主义公有制经济
组织。制定农村集体经济组织法，对于巩固完善社会主

义基本经济制度和农村基本经营制度，对于维护好广大农民群众根本利益，实现共同富裕等具有重要意义。

（一）制定农村集体经济组织法是贯彻落实党中央决策部署的重要举措。党中央始终高度重视农村集体经济发展。习近平总书记指出，"要把好乡村振兴战略的政治方向，坚持农村土地集体所有制性质，发展新型集体经济，走共同富裕道路。" 2017 年中央一号文件提出，抓紧研究制定农村集体经济组织相关法律，赋予农村集体经济组织法人资格。2018 年中央一号文件进一步明确提出，研究制定农村集体经济组织法。党的十九大报告提出，深化农村集体产权制度改革，保障农民财产权益，壮大集体经济。党的二十大报告提出，巩固和完善农村基本经营制度，发展新型农村集体经济。但不少地方的农村集体经济组织，存在着组织机构不健全、运行机制不完善、监督和管理制度不落实等问题，以致没能发挥出其应有的作用。制定农村集体经济组织法，是贯彻党中央决策部署，健全相应的法律制度，为促进农村集体经济发展壮大奠定良好法治基础的重大举措。在立法调研、座谈过程中，农村基层干部、农民群众、人大代表和专家学者普遍认为，全国人大常委会认真贯彻落实党中央决策部署，抓紧制定农村集体经济组织法，很有必要，也很及时，希望尽早出台。

（二）制定农村集体经济组织法是巩固社会主义公有制、巩固和完善社会主义基本经济制度和完善农村基本经营制度的内在要求。集体所有制经济是社会主义公有制经济的重要组成部分，农村集体经济组织是社会主义公有制经济在农村的重要实现形式。农村集体经济组织依照宪法的规定，实行家庭承包经营为基础、统分结合的双层经营体制，是维护农村土地集体所有、落实农村基本经营制度的重要组织保障。制定农村集体经济组织法，在坚持家庭承包经营基础地位、调动广大农民积极性的同时，强调要充分发挥好农村集体经济组织在管理集体财产、开发集体资源、发展集体经济、服务集体成员等方面的功能作用，为进一步巩固农村土地集体所有制、巩固和完善农村基本经营制度提供法治保障。

（三）制定农村集体经济组织法是维护广大农民集体成员财产权益、实现共同富裕的客观需要。实现好、维护好、发展好广大农民的根本利益是"三农"工作的出发点和落脚点。农村建立集体经济组织，成功地避免了农民出现两极分化现象。打赢脱贫攻坚战，农村集体经济组织在基层党组织领导下发挥了重要作用。在新时代实现共同富裕，最艰巨的任务是如何更快地提高广大农民的富裕程度，这同样离不开农村集体经济组织的作用。制定农村集体经济组织法，明晰农村集体经济组织成员的权利义务和成员确认规则，规范农村集体财产的经营管理和收益分配制度，依法保护农民的土地承包经营权、宅基地使用权、集体收益分配权等财产权益，有利于推动构建归属清晰、权能完整、流转顺畅、保护严格的农村集体产权制度，形成既体现集体组织优越性又调动农民个体积极性的农村集体经济运行新机制，有利于让广大农民分享改革发展成果，促进农村农民共同富裕。

（四）制定农村集体经济组织法为健全农村治理体系、巩固党在农村的执政基础提供支撑和保障。农村集体经济组织是参与乡村治理的重要主体。随着城镇化推进和集体经济发展壮大，农民对公共服务和公益事业的需求会不断增加，在当前公共财政还难以全面覆盖农村的情况下，农村集体经济是支持农村公共事务和公益事业发展的有益补充。通过立法，促进农村集体经济发展，为农村社会事业发展提供支持。同时，从法律制度上确保农村集体经济组织成员的知情权、参与权、表达权、监督权，有利于防止集体经济组织内部被少数人控制和外部资本侵占的现象，有利于妥善处理各种利益关系和社会矛盾，为推进城乡协调发展，健全乡村治理体系，巩固党在农村的执政基础提供重要支撑和保障。

（五）制定农村集体经济组织法有良好的基础。宪法规定，农村集体经济组织实行以家庭承包经营为基础、统分结合的双层经营体制。民法典明确农村集体经济组织是特别法人，是独立的民事主体。这些规定确立了农村集体经济组织的法律地位，为制定农村集体经济组织法提供了基本的法律遵循。2020 年农业农村部制定《农村集体经济组织示范章程（试行）》，成为农村集体经济组织规范运行的重要依据。全国 20 个省（自治区、直辖市）先后制定了农村集体经济组织条例、农村集体资产管理条例等地方性法规，为全国性立法提供了可资参考的地方立法经验。到 2021 年底全国各地开展农村集体产权制度改革完成了阶段性任务，全国清查核实农村集体土地资源面积 65.5 亿亩，集体账面资产 8.22 万亿元，确认农村集体经济组织成员约 9.2 亿人，已经登记赋码的农村集体经济组织约 96.6 万个（其中，村级 57 万个，组级 39.5 万个，乡级 993 个）。农村集体产权制度改革为农村集体经济组织立法提供了实践基础。

二、起草工作和立法原则

为了落实中央明确要求，十三届全国人大常委会将制定农村集体经济组织法列入立法规划，由农业农村部负责起草。农业农村部做了大量工作，于 2020 年底提出了农村集体经济组织法征求意见稿。为加快立法进程，全国人大常委会 2022 年度立法工作计划明确，由全国人大农业与农村委员会牵头，在农业农村部已有工作基础上组织起草农村集体经济组织法草案。

2022 年 1 月，全国人大农业与农村委员会组织中央有关单位共同成立起草班子，认真学习领会并贯彻落实习近平总书记关于"三农"工作特别是关于农村集体产权制度改革、发展新型集体经济的重要指示批示和重要论述精神，总结吸收农村集体产权制度改革实践经验，深入研究农村集体经济组织和集体经济发展面临的主要问题，多次征求中央有关单位意见，还征求了各省（自治区、直辖市）人大和国务院办公厅的意见，并到地方开展立法调研，广泛听取地方政府、基层干部、人大代表和农民群众的意见。经过深入调查研究，广泛听取并认真吸纳各方面意见，反复修改完善，形成了《中华人民共和国农村集体经济组织法（草案）》（以下简称"草案"）。

起草工作坚持以习近平新时代中国特色社会主义思想为指导，深入贯彻党的十九大、十九届历次全会、党的二十大报告和中央经济工作会议、农村工作会议精神，深入贯彻习近平总书记系列重要讲话精神和治国理政新理念新思想新战略，为促进农村集体经济组织健康发展，增强集体经济活力，壮大集体经济实力，巩固完善社会主义基本经济制度和农村基本经营制度，促进乡村全面振兴和实现共同富裕，提供有力法治保障。

起草工作中注意把握以下原则：

（一）坚守底线，坚持正确方向。坚持把实现好、维护好、发展好广大农民群众根本利益作为出发点和落脚点，坚持农村土地农民集体所有制不动摇，坚持农村基本经营制度不动摇，构建中国特色社会主义农村集体经济组织法律制度。

（二）立足实践，确立有限目标。认真总结改革开放以来特别是党的十八大以来发展农村集体经济、开展农村集体产权制度改革的实践，把可复制、可推广的成熟经验以法律形式固定下来，对于目前还看不清、拿不准、尚未达成共识的做法，留待实践进一步探索。

（三）问题导向，力求务实管用。在吸收理论研究成果的基础上，着力针对农村集体经济组织建设和发展集体经济面临的突出问题做好制度设计，建立健全农村集体经济组织的法律制度，为解决实践中的问题提供法律规范和依据。

（四）急用先立，宜粗不宜细。回应实践的迫切需要，通过立法确立农村集体经济组织的基本原则和主要制度，同时尊重不同地区的差异性，坚持原则性与灵活性相结合，给地方和农民群众留出必要的自主选择空间，使法律制度更符合实际、更便于实施。同时，注意吸收地方立法经验，并与民法典和土地管理法、农村土地承包法等法律做好衔接，确保法律规范的统一性和权威性。

三、法律草案的主要内容

草案共八章，依次为总则、成员、登记合并与分立、组织机构、财产管理和收益分配、扶持措施、争议的解决和法律责任、附则，共六十八条。主要内容如下：

（一）明确了立法目的、适用范围等。草案明确了立法目的、适用范围以及农村集体经济组织的法律地位、组织原则、职能职责、特别法人地位、监管部门等。明确农村集体经济组织可以依法出资设立公司、农民专业合作社等从事经营活动，避免农村集体经济组织承担超出其承受能力的市场风险而导致破产（第一章）。

（二）规定了成员的确认及其权利义务。吸收农村集体产权制度改革成果，参考司法实践和地方立法，明确了农村集体经济组织成员的定义、确认、加入、退出，以及确认成员争议的救济程序，规定了成员的权利义务，成员的权利包括土地承包经营权、宅基地使用权、集体收益分配权等经济权利，以及参与管理、监督的权利等（第二章）。

（三）对农村集体经济组织的设立、合并、分立等事项作出原则规定。草案分别规定了设立农村集体经济组织的基本要求、基本条件，以及农村集体经济组织合并、分立的程序（第三章）。

（四）规范了农村集体经济组织的组织机构。草案明确农村集体经济组织成员大会、成员代表大会和理事会、监事会的组成、职权、议事规则和决策程序等，并且针对实践中存在的问题规定了禁止的行为，从法律制度上健全农村集体经济组织内部治理机制，保障农村集体经济组织运行顺畅，实现民主管理、民主决策（第四章）。

（五）明确对集体财产依法实行分别管理。草案明确了集体财产的主要范围，根据相关法律规定和农村集体产权制度改革实践经验，确定了对集体资源性财产、经营性财产、非经营性财产分别依法进行管理的原则，确定了集体收益分配的原则和顺序，明确集体经营性财产的收益权可以量化到成员，作为参与集体收益分配的基本依据，还对农村集体经济组织建立财务会计、财务公开、财务报告制度及审计监督作了规定（第五章）。

（六）规定了扶持措施。农村集体经济组织不仅肩负发展壮大集体经济的职责，还要为成员提供公共和公益服务，理应在政策上予以支持。草案从财政、税收、金融、土地、人才支持方面，对扶持集体经济组织的政策措施作了原则规定（第六章）。

（七）明确了争议的解决办法和法律责任。草案明确了农村集体经济组织内部争议的解决途径，以及相关违法行为的法律责任，建立了成员代位诉讼制度，完善了成员撤销诉讼制度，强化了成员的监督权利（第七章）。

草案的附则还对村民委员会依法代行农村集体经济组织职能、法律与农村集体产权制度改革的衔接等作了规定。

四、需要说明的问题

（一）关于村改居后农村集体经济组织的终止。在城镇化进程中，一些农村集体经济组织农民集体所有的土地全部被征收，成员全部或者大部分转为城镇居民，但集体财产还在，农村集体经济组织是否应当终止、集体财产如何处分，事关重大，但缺乏实践经验，目前还难以作出明确规定，可在试点基础上总结经验，再作出法律规范。

（二）关于村民委员会与集体经济组织的关系。按照宪法和有关法律、党规的规定，农村集体经济组织与村民委员会均为特别法人，农村集体经济组织代表成员集体行使集体财产所有权，主要负责经济事务；村民委员会是基层群众自治组织，主要负责公共事务和公益事业，两个组织在农村基层党组织领导下各司其职，相互配合，相互支持。农村集体经济组织的组织机构和运行机制健全后，原由村民委员会、村民小组代行的集体经济组织的职能应当归由农村集体经济组织行使。同时，农村集体经济组织如何支持村公共事务和公益事业，如何管理好集体所有的公共设施，也需要与村民委员会的职责相衔接。

（三）关于农村集体经济组织从事经营活动。农村集体经济组织是以集体土地所有权为基础建立的，按照宪法的规定，土地所有权不得转让，因而农村集体经济组织也不能破产。农村集体经济组织除发包集体土地以外，为发展集体经济也需要从事经营活动，同时又必须防止承担超出其承受能力的债务而引发经济纠纷。为此，根据长期以来的实践经验，草案明确，农村集体经济组织需要从事经营活动的，可以依法出资成立公司、农民专业合作社等市场主体，并以出资为限承担债务责任。农村集体经济组织出资成立的公司、农民专业合作社等按照市场主体依法管理。

《中华人民共和国农村集体经济组织法（草案）》及以上说明是否妥当，请审议。

全国人民代表大会宪法和法律委员会关于《中华人民共和国农村集体经济组织法（草案）》修改情况的汇报

全国人民代表大会常务委员会：

　　十三届全国人大常委会第三十八次会议对农村集体经济组织法草案进行了初次审议。会后，法制工作委员会将草案印发中央有关部门、各省（区、市）、部分设区的市、基层立法联系点、部分高校和部分全国人大代表等征求意见，并在中国人大网全文公布草案，征求社会公众意见。宪法和法律委员会、农业与农村委员会、法制工作委员会联合召开座谈会，听取全国人大代表、中央有关部门、基层立法联系点，以及有关农村集体经济组织负责人、专家学者的意见。宪法和法律委员会、法制工作委员会到贵州、河北、浙江、江西、江苏、北京等地调研，并就草案中的主要问题与有关方面交换意见，共同研究。宪法和法律委员会于 12 月 6 日召开会议，根据常委会组成人员审议意见和各方面的意见，对草案进行了逐条审议。农业与农村委员会、农业农村部有关负责同志列席了会议。12 月 18 日，宪法和法律委员会召开会议，再次进行了审议。现将农村集体经济组织法草案主要问题修改情况汇报如下：

一、有的部门、地方提出，根据党的二十大报告和党中央有关文件精神，建议明确发展的是"新型农村集体经济"，以更好体现农村集体产权制度改革成果；同时，建议增加规定发展新型农村集体经济的途径，明确农村集体经济组织可以探索通过资源发包、物业出租、居间服务、经营性财产参股等多样化途径发展新型农村集体经济。宪法和法律委员会经研究，建议采纳上述意见，对草案作相应修改。

二、草案第五条第一款中规定，农村集体经济组织应当充分发挥在管理集体财产、开发集体资源、发展集体经济、服务集体成员等方面的作用。有的地方提出，这一规定与该条第二款列举的农村集体经济组织承担的具体职能有重复，且存在表述不统一的问题，建议删去。宪法和法律委员会经研究，建议采纳这一意见。

三、草案第五条第二款第十项规定，农村集体经济组织为成员提供教育、文化、卫生、体育、养老等服务，或者对村委会提供服务给予资金等支持。有的常委委员、部门、地方、社会公众提出，为成员提供教育文化等公益服务属于村委会的职责，建议删去；同时，对村委会提供服务给予资金等支持与该款第十一项规定存在重复，亦应删去。宪法和法律委员会经研究，建议采纳上述意见，删去该项规定。

四、草案第十条第四款规定，县级以上人民政府建立农村集体经济组织工作的综合协调机制，统筹指导、协调、扶持、推动农村集体经济组织的建设和发展。有的部门、地方提出，上述工作可以由农业农村主管部门会同有关部门进行，不必增设由政府组建的综合协调机制。宪法和法律委员会经研究，建议采纳这一意见，将该款规定修改为："县级以上人民政府农业农村主管部门应当会同有关部门加强对农村集体经济组织工作的综合协调，指导、协调、扶持、推动农村集体经济组织的建设和发展。"

五、草案第十一条规定了农村集体经济组织成员的定义。有的常委委员、部门、地方和社会公众提出，实践中，一些"城中村"已经没有集体所有的土地，建议将"以农村集体经济组织成员集体所有的土地为基本生活保障"中的"土地"修改为"土地等财产"，以涵盖"城中村"等情况。宪法和法律委员会经研究，建议采纳这一意见。

六、草案第十二条第一款规定了成员确认的原则等。有的部门、地方、社会公众建议增加规定，成员名册应当报乡镇人民政府和县级人民政府农业农村主管部门备案。宪法和法律委员会经研究，建议采纳这一意见，在该条中增加相应规定。

七、草案第十六条规定了非农村集体经济组织成员可以享有部分成员的权益和福利。有的地方提出，非农村集体经济组织成员只能享有财产方面的权利，不能享有与成员资格相关的选举与被选举为成员代表、理事会成员、监事会成员或者监事，以及参与表决、行使民主监督权等权利。宪法和法律委员会经研究，建议采纳这一意见，对该条规定作相应修改。

八、草案第十九条第二款规定，农村集体经济组织妇女成员不因丧偶、离婚而丧失集体经济组织成员身份。有的常委委员、部门、地方和社会公众提出，这一规定不应局限于妇女成员，对于入赘女婿也应给予同样的保护；有的地方提出，为更好保护外嫁女、入赘女婿等的合法权益，建议增加有关农村集体经济组织成员不因结婚而导致成员身份"两头空"的规定。宪法和法律委员会经研究，建议采纳上述意见，将该款规定中的"农村集体经济组织妇女成员"修改为"农村集体经济组织成员"；同时，在该条中增加一款规定："农村集体经济组织成员结婚，在新居住地的农村集体经济组织未取得成员身份的，原农村集体经济组织不得取消其成员身份。"

九、有的地方提出，章程对于规范农村集体经济组织的运行发展非常重要，建议增加有关农村集体经济组织章程的具体规定。宪法和法律委员会经研究，建议采纳这一意见，在草案第三章中增加一条，规定农村集体经济组织章程应当载明的具体事项，并明确章程应当报乡镇人民政府和县级人民政府农业农村主管部门备案，同时授权国务院农业农村主管部门根据本法和其他有关法律法规制定农村集体经济组织示范章程。

十、草案第二十八条第一款规定了农村集体经济组织成员大会的召开规则。有的地方提出，实践中很多成员外出务工，建议允许成员通过即时通讯工具在线参加成员大会，以保障他们行使成员权利。宪法和法律委员会经研究，建议采纳这一意见，在该款中增加规定："成员无法在现场参加会议的，可以通过即时通讯工具在线参加会议。"

十一、草案第二十九条对设立成员代表大会等作了规定。有的社会公众提出，该条未对成员代表大会的表决方式作出规定，建议增加。宪法和法律委员会经研究，建议采纳这一意见，在该条第五款中增加规定："成员代表大会实行一人一票的表决方式。"

十二、草案第四十一条第二款规定了集体所有的经营性财产的范围。有的地方、专家提出，集体所有的土地等资源性财产，其所有权不属于经营性财产，但其用益物权，包括可以依法入市、流转的集体经营性建设用地使用权、"四荒地"的经营权等也属于经营性财产的范围。宪法和法律委员会经研究，建议采纳这一意见，对该款作相应修改。

十三、草案第四十七条规定了县级以上地方人民政府农业农村主管部门和乡级人民政府、街道办事处对农村集体经济组织的审计监督。有的常委委员提出，对于农村集体经济组织接受、运用国家财政资金等情况，审计机关也应当加强审计监督。宪法和法律委员会经研究，建议采纳这一意见，在该条中增加一款："审计机关依法对农村集体经济组织接受、运用财政资金的真实、合法和效益情况进行审计监督。"

十四、草案第五十六条中规定，对确认农村集体经济组织成员身份有异议的，农村集体经济组织因内部管理、运行、收益分配等发生纠纷的，可以申请仲裁。有的部门、地方建议明确农村土地承包仲裁机构是承担这一职责的仲裁机构，以充分发挥该机构的作用，多渠道化解矛盾纠纷。宪法和法律委员会经研究，建议采纳这一意见，对该条作相应修改。

十五、草案第六十六条规定，本法实施前已经按照国家规定登记的农村集体经济组织，本法实施后继续有效。有的地方提出，鉴于草案对农村集体经济组织的名称作了统一规范，为避免增加基层负担，建议在该条中增加规定，本法施行后，之前已按国家规定登记的农村集体经济组织的名称在法人登记证书有效期内继续有效。宪法和法律委员会经研究，建议采纳这一意见，对该条作相应修改。

此外，还对草案作了一些文字修改。

草案二次审议稿已按上述意见作了修改，宪法和法律委员会建议提请本次常委会会议继续审议。

草案二次审议稿和以上汇报是否妥当，请审议。

全国人民代表大会宪法和法律委员会
2023 年 12 月 25 日

全国人民代表大会宪法和法律委员会关于《中华人民共和国农村集体经济组织法（草案）》审议结果的报告

全国人民代表大会常务委员会：

　　常委会第七次会议对农村集体经济组织法草案进行了二次审议。会后，法制工作委员会在中国人大网全文公布草案，征求社会公众意见。宪法和法律委员会、法制工作委员会到陕西、四川等地调研，听取意见，并多次就草案中的主要问题与有关方面交换意见，共同研究。宪法和法律委员会于 5 月 30 日召开会议，根据常委会组成人员的审议意见和各方面的意见，对草案进行了逐条审议。农业与农村委员会、农业农村部有关负责同志列席了会议。6 月 18 日，宪法和法律委员会召开会议，再次进行了审议。宪法和法律委员会认为，为贯彻落实党中央的决策部署，巩固农村集体产权制度改革的成果，促进新型农村集体经济高质量发展，制定农村集体经济组织法是必要的。草案经过两次审议修改，已经比较成熟。同时，提出以下主要修改意见：

一、草案二次审议稿第十一条规定，户籍在或者曾经在农村集体经济组织并与农村集体经济组织形成稳定的权利义务关系，以农村集体经济组织成员集体所有的土地等财产为基本生活保障的农村居民，为农村集体经济组织成员。有的地方、社会公众建议，将"农村居民"修改为"居民"，以涵盖一些地方"村改居"后成员全部或者大部分转为城镇居民，但所在的农村集体经济组织仍然保留等情况。宪法和法律委员会经研究，建议采纳上述意见，对该条规定作相应修改。

二、草案二次审议稿第十二条第一款中规定，农村集体经济组织按照尊重历史、兼顾现实、程序规范、群众认可的原则，统筹考虑户籍关系、农村土地承包关系、生产生活情况、基本生活保障来源、对集体积累的贡献等因素，通过成员大会依法确认农村集体经济组织成员。该条第二款中规定，农村集体经济组织因成员生育而增加的人员，一般应当确认为农村集体经济组织成员。有的部门、地方、专家和社会公众提出，一是上述第一款关于确认农村集体经济组织成员需要遵循的原则和考虑的因素已经提炼归纳为草案关于成员定义的规定，为避免重复，建议删去，修改为依据成员定义的规定确认农村集体经济组织成员，避免因较为宽泛、弹性的规定可能导致成员确认的条件不够清楚明确；二是建议将农村集体经济组织因成员生育而增加的人员，由"一般应当确认"为成员修改为"应当确认"为成员；三是建议在该条中增加一款，明确确认农村集体经济组织成员，不得违反本法和其他法律法规的规定。宪法和法律委员会经研究，建议采纳上述意见，对该条规定作相应修改。

三、草案二次审议稿第十五条规定了其他农村集体经济组织的成员因生产生活需要或者其他原因确需加入本农村集体经济组织的，需经本农村集体经济组织成员大会四分之三以上成员同意，同时丧失其他农村集体经济组织成员身份。有的地方、社会公众提出，该条规定与草案二次审议稿第十二条规定的因成员结婚、生育、收养或者因政策性移民而加入农村集体经济组织的情形存在交叉，且没有规定加入的相关条件，可能导致实践中被滥用，建议删去。其他农村集体经济组织成员因结婚、生育、收养或者政策性移民之外的特殊原因确需加入本农村集体经济组织的，可以适用本法关于依据成员定义来确认成员的规定。宪法和法律委员会经研究，建议采纳这一意见，删去该条规定。

四、草案二次审议稿第十八条第一款第四项规定，已经成为公务员的，丧失农村集体经济组织成员身份。有的部门提出，聘任制公务员（根据公务员法，聘任

48

期限为一至五年）与一般公务员差别很大，建议将其排除在上述规定的公务员范围之外。宪法和法律委员会经研究，建议采纳这一意见，对该项规定作相应修改。

五、草案二次审议稿第十八条第二款规定，因成为公务员或者已经取得其他集体经济组织成员身份而丧失本农村集体经济组织成员身份的，依据法律法规和农村集体经济组织章程规定，或者经与农村集体经济组织协商，可以在一定期限内保留其已经享有的财产权益。有的部门建议对上述人员丧失农村集体经济组织成员身份后，可以保留的权益规定得更为灵活、有包容性，以适应鼓励优秀农村基层干部加入公务员队伍等的需要。宪法和法律委员会经研究，建议采纳这一建议，对上述人员丧失农村集体经济组织成员身份的，规定"依照法律法规、国家有关规定和农村集体经济组织章程，经与农村集体经济组织协商，可以在一定期限内保留其已经享有的相关权益"。

六、草案二次审议稿第十九条第二款规定，农村集体经济组织成员结婚，在新居住地的农村集体经济组织未取得成员身份的，原农村集体经济组织不得取消其成员身份。有的部门、专家和社会公众提出，妇女结婚后无论是"从夫居"，还是仍在娘家居住，只要是未取得其他农村集体经济组织成员身份的，原农村集体经济组织都不得取消其成员身份，建议删去该款中"新居住地"的表述。宪法和法律委员会经研究，建议采纳上述意见，对该款规定作相应修改。

七、草案二次审议稿第二十八条第一款规定了召开农村集体经济组织成员大会的规则。有的地方、社会公众建议，增加规定农村集体经济组织应当于成员大会召开十日前将会议的时间、地点和审议的事项通知全体成员，以利于成员提前作出安排，及时参会。有的常委会组成人员、地方和社会公众提出，为方便农村集体经济组织成员行使权利，解决实践中成员大会召开难的问题，建议增加经书面委托，同一户内具有完全民事行为能力的家庭成员可以代为参加成员大会的规定。宪法和法律委员会经研究，建议采纳上述意见，对该款规定作相应修改。

八、草案二次审议稿第六十八条规定，本法施行前农村集体经济组织开展农村集体产权制度改革时的成员确认，本法施行后继续有效。有的部门、专家和社会公众提出，规定本法施行前的成员确认继续有效，含义不清，不利于此前未被依法确认为成员的当事人依据本法进行维权，建议修改。宪法和法律委员会经研究，建议采纳这一意见，将本条修改为："本法施行前农村集体经济组织开展农村集体产权制度改革时已经被确认的成员，本法施行后不需要重新确认。"

还有一个问题需要报告。草案二次审议稿第十八条第一款第四项规定，已经成为公务员的，丧失农村集体经济组织成员身份。一些常委委员、地方和社会公众提出，除公务员外，事业单位工作人员、国有企业员工等也应丧失成员身份。宪法和法律委员会经同有关方面研究认为，事业单位情况复杂，有的也不是财政全额保障，且事业单位改革目前仍在进行中；国有企业用工形式也较为多样。实践中各地做法也不一样，有的规定只有公务员丧失成员身份，有的规定公务员和事业单位工作人员都丧失成员身份，还有的规定公务员、事业单位工作人员、国有企业员工都丧失成员身份。考虑到上述情况，国家立法宜保持适当的包容性，不宜对事业单位工作人员、国有企业员工等人员丧失成员身份问题在法律上作统一规定，根据草案三次审议稿第十七条第一款第五项的授权，可以由地方立法或者农村集体经济组织章程根据实际情况确定。

此外，还对草案二次审议稿作了一些文字修改。

6月11日，法制工作委员会召开会议，邀请部分全国人大代表、农村集体经济组织负责人、专家学者、仲裁机构以及地方和农业农村主管部门等方面的代表，就草案中主要制度规范的可行性、法律出台时机、法律实施的社会效果和可能出现的问题等进行评估。普遍认为，草案贯彻落实了习近平总书记关于发展新型农村集体经济的重要指示精神和党中央的决策部署，充分吸收了农村集体产权制度改革中形成的可复制、可推广的经验，有利于促进新型农村集体经济高质量发展，确保在坚持家庭承包经营基础地位、调动广大农民积极性的同时，充分发挥农村集体经济组织在巩固社会主义公有制、社会主义基本经济制度和农村基本经营制度中的重要作用，对于维护好广大农民群众根本利益、实现共同富裕具有重要意义。草案结构合理、内容完备，具有较强的针对性和可操作性，已基本成熟，建议尽快出台。与会人员还对草案提出了一些具体修改意见，有的意见已经采纳。

草案三次审议稿已按上述意见作了修改，宪法和法律委员会建议提请本次常委会会议审议通过。

草案三次审议稿和以上报告是否妥当，请审议。

全国人民代表大会宪法和法律委员会
2024 年 6 月 25 日

全国人民代表大会宪法和法律委员会关于《中华人民共和国农村集体经济组织法（草案三次审议稿）》修改意见的报告

全国人民代表大会常务委员会：

本次常委会会议于 6 月 25 日下午对农村集体经济组织法草案三次审议稿进行了分组审议。普遍认为，草案已经比较成熟，建议进一步修改后，提请本次常委会会议表决通过。同时，有些常委会组成人员和列席人员还提出了一些修改意见和建议。宪法和法律委员会于 6 月 25 日晚召开会议，逐条研究了常委会组成人员和列席人员的审议意见，对草案进行统一审议。农业与农村委员会、农业农村部有关负责同志列席了会议。宪法和法律委员会认为，草案是可行的，同时，提出以下修改意见：

一、草案三次审议稿第四条第一项规定，农村集体经济组织应当坚持中国共产党的领导，在乡镇党委和村党组织的领导下依法履职。有的常委会组成人员建议增加农村集体经济组织在街道党工委领导下依法履职的规定，以涵盖一些地方"村改居"后的实际情况。宪法和法律委员会经研究，建议采纳这一意见，在该条"乡镇党委"后增加"街道党工委"，同时对草案三次审议稿第二十六条第二款和第二十九条第三款作相应修改。

二、草案三次审议稿第十五条规定，非农村集体经济组织成员长期在农村集体经济组织工作、生活，对集体做出贡献的，可以享有农村集体经济组织成员的部分权利。有的常委会组成人员提出，非农村集体经济组织成员如果只是在农村集体经济组织长期生活，则谈不上对集体做出贡献，建议研究。宪法和法律委员会经研究，建议采纳这一意见，删去"长期在农村集体经济组织工作、生活"中的"生活"。

三、草案三次审议稿第二十九条第一款中规定，理事长、副理事长的产生办法由农村集体经济组织章程规定。有的常委会组成人员提出，理事的产生办法也应由章程作出规定。宪法和法律委员会经研究，建议采纳这一意见，将该条中的"理事长、副理事长的产生办法"

修改为"理事长、副理事长、理事的产生办法"。

四、草案三次审议稿第四十六条规定，农村集体经济组织应当将年度经营报告等，于成员大会、成员代表大会召开十五日前提供给成员查阅。有的委员提出，草案三次审议稿第二十七条第一款已经规定，农村集体经济组织应当于成员大会召开十日前将审议事项等通知成员，建议与之相衔接，将草案三次审议稿第四十六条中的"十五日"修改为"十日"。宪法和法律委员会经研究，建议采纳这一意见，对该条规定作相应修改。

五、草案三次审议稿第五十七条第一款中规定，农村集体经济组织或者其负责人作出的决定侵害农村集体经济组织成员合法权益的，受侵害的成员可以请求人民法院予以撤销。有的常委会组成人员建议明确农村集体经济组织作出的决定包括成员大会、成员代表大会等所作的决定。宪法和法律委员会经研究，建议采纳这一意见，将该条中的"农村集体经济组织或者其负责人作出的决定"修改为"农村集体经济组织成员大会、成员代表大会、理事会或者农村集体经济组织负责人作出的决定"。

在审议过程中，有的常委会组成人员还就加强本法的宣传解读、抓紧制定或者修改有关配套规定、进一步强化对农村集体经济组织的监督管理、加强法律之间的衔接适用等提出了一些很好的意见和建议。宪法和法律委员会建议有关方面认真研究常委会组成人员的审议意见，做好相关工作，切实保障本法贯彻实施。

经与有关部门研究，建议将本法的施行时间确定为
2025 年 5 月 1 日。

此外，根据常委会组成人员的审议意见，还对草案
三次审议稿作了一些文字修改。

草案修改稿已按上述意见作了修改，宪法和法律委
员会建议提请本次常委会会议审议通过。

草案修改稿和以上报告是否妥当，请审议。

全国人民代表大会宪法和法律委员会
2024 年 6 月 27 日